O que carrego no ventre

poesia

O que carrego no ventre

Marcelo Martins Silva

2ª edição

coragem

Porto Alegre
2024

© Editora Coragem, 2024.
© Marcelo Martins Silva, 2024.

A reprodução e propagação sem fins comerciais do conteúdo desta publicação, parcial ou total, não somente é permitida como também é encorajada por nossos editores, desde que citadas as fontes.

www.editoracoragem.com.br
contato@editoracoragem.com.br
(51) 98014.2709

Projeto editorial: Camila Costa Silva e Thomás Daniel Vieira.
Revisão final: Nathália Cadore.
Capa: Iasmine Nique e Lorenzo Costa.

Porto Alegre, Rio Grande do Sul.
Primavera de 2024.

Dados Internacionais de Catalogação na Publicação (CIP)

S586o Silva, Marcelo Martins
        O que carrego no ventre / Marcelo Martins Silva; prefácio
Nathallia Protazio. – 2.ed. – Porto Alegre: Coragem, 2024.
        72 p. : il. – (poesia)

        ISBN: 978-65-85243-26-1

        Poesia – Literatura brasileira. 2. Literatura brasileira. 3.
Poemas. 4. Literatura sul-riograndense. I. Protazio, Nathallia. II.
Título. III. Série.

                                        CDU: 869.0(81)-1

Bibliotecária responsável: Jacira Gil Bernardes – CRB 10/463

Sumário

Prefácio	11
[Quando me abraçam]	17
A carne	19
[Estou uns dias acordado]	20
Restinga, Brixton ou Baixada	22
A invasão	24
Habitante do poema preto	26
Só há uma poesia possível	28
O homem negro é um homem livre	30
[dormi a terra úmida]	32
No quarto	33
Cosmo	35
Das trincheiras do inverno	36
[Preciso apenas sentir o sol gelado do outono]	37
Poema da terra	38
Além dos muros da escola	39
Não	41
[Penso com a cabeça pesada de ferro]	42
A greve	43
A máquina	44
Aos que esquecem de dormir	45

Porto Alegre é o cansaço de si	46
Domingo	47
[Se possível pediria outro olho para ver o mundo]	48
Paraquedas	49
[No coração da rua]	50
Prece para os deuses carnívoros	51
Que enigma o eu lírico procurou solucionar?	52
Now i wanna sniff some glue	53
um poema	54
[um pequeno poema para me deixar um tanto mais possível]	55
Canção	56
O que carrego no ventre	57
Aos amigos	58
[O cachorro preto dentro do mar, esse era o sonho]	61
Objetos da Solidão	62
Poema	63
Em absoluto	65
A morte do avaro	67
[que não falte ao poema palavra alguma]	70

Prefácio

As inúmeras perguntas da infância.
Por que o céu é azul?
Por que os pássaros voam?
Qual o gosto do fogo?
Os dias de chuva. O calor do tédio.
Por que as meninas choram?
Por quem as mães esperam?
Por que os homens têm mamilos?
Viagens de poeira. Noite das estrelas.
De onde vem todas as crianças?
Como nascem as perguntas?
Homem também tem ventre?
O corpo do homem.
Homem não dá leite.
Homem não faz bebê.
Homem não sangra todo mês.
Para que serve o homem?
O ventre do homem que não gesta vida.
O que carrega o homem no ventre?
Marcelo Martins Silva. Folião, capoeirista, educa-
dor, contista, apaixonado, dançarino, negro.

Poeta.

Como bom poeta, é um fazedor de perguntas.

As perguntas são o motor do mundo.

A poesia da linguagem.

Pois não é o verso senão um arremedo de resposta

para quando lermos, encontrarmos

nossas perguntas adormecidas.

Acordar o corpo.

Sacudir os ossos, os dentes, o ventre.

Reeditar e reescrever. Uma nova edição. Por que
reeditar? Por que uma nova edição?

O que a justifica? Precisa de uma justificativa?

E o motor do mundo em cada lampejo de dúvida.

A vida se justifica nas entrelinhas de desordem
enquanto desabamos. Este livro teve

sua primeira aparição no mundo há alguns anos,

sob outros signos, numa outra casa

editorial. Diz meu amigo que os anos lhe trouxe-
ram maturidade nas palavras.

A poesia em O que carrego no ventre se justifica
por si só. Seus poemas não dizem,

mostram o que Marcelo carrega e seus versos são expostos na crueza e
encantamento, somente encontrados numa produção revisitada, no retrabalho e no
segundo olhar.

Uma reedição se faz pela constante criação. Assim como o metal, as máquinas e o
esquecimento.
Neste lugar onde se encontram todos os seres que encaram as palavras, é um ato de
coragem, encará-las mais uma vez.

Nathallia Protazio.

O que carrego no ventre

Quando me abraçam
abraçam parte do que carrego
as lembranças inventadas
o esquecimento em minha camisa velha

Abraçam profundezas
minha consciência de classe
o proletariado negro
o medo do câncer, meu sexo

Tenho sonhos, muitas palavras
a isso também abraçam
o monstruoso oceano
os livros
equilibrados agora
entre o cupim e a poeira

Abraçam minha pobreza
eu os abraço de volta
o rosto encostado na face que se oferece
olhos fechados dentro da noite

e eu os levo comigo
como os filhos que não tenho

A carne

No supermercado do meu bairro
Todo mundo é preto
Quem não é preto
É quase
Quem não é quase, nem é preto
É pobre
E quase todo mundo é preto, é pobre ou quase
Tudo ao mesmo tempo.
E esse é o único supermercado do meu bairro

Estou uns dias acordado
Falando comigo mesmo
(E de que serviria tal esforço?
Arrastar um filho morto
dentro de um saco preto.
Que me desculpem, a morte é miserável)
O que fazer desses versos
E de tantos outros já feitos?
O que fazer das mesmas tentativas?
Livros, política, poesia
Penso teorias, sozinho na cama
E na rua bebo o amanhã
Obcecado pelas mesmas ideias
O preço de ser um poeta do povo:
Nada de tratativas de amor
Poesia concreta
Nada parnasiano ou inovador
Só um poeta preto cansado
Porque faz uns dias que passo acordado
Falando comigo mesmo:
O vento, a conjuntura econômica

Assassinatos
Ouço os tiros lá do quarto
Todo esse barulho que não acaba

Estou há uns dias acordado
Não sei quando será amanhã
Não sei quando seremos presos ou quando
Abriremos mão do sono para sermos livres
Quando?
Ando sem tempo
E nem mais relógio tenho
Faz uns dias que andamos acordados
E lá do fundo ele pergunta:
Quando?

Restinga, Brixton ou Baixada

Eu resisto, afirmo.
Resisto bebendo, resisto escrevendo, dormindo.
Sou um homem aflito e através dela resisto
Com os pés, os punhos, as mãos cortadas, às
    vezes atadas
Eu vim em correntes e por isso mesmo resisto
Ao ônibus lotado, à miséria
À distância, ao escárnio.

Já fui dado como morto, caçado pelo capitão do
    mato
Eu sou o retrato do suspeito
E resisto
E lhe direi sem soberba ou medo que resisto
    como poucos
Porque sou muitos, e juntos resistimos
Um único e grande corpo negro
Às vezes sofrido, baleado
Mas também feroz e aguerrido

Resistimos
Eu resisto com eles, eles resistem comigo
Um corpo como nenhum outro
Que navega, afoga e ressuscita
Somos um continente
Um corpo negro infinito

E de todas as coisas que aprendi na vida
Essa me veio na cor:
Resistir

A invasão

Os Moleques armados invadiram a rua
saraivada de bala pro céu em plena luz do dia
atiravam, sem pressa
na cabeça de outros moleques

Os Moleques armados invadiram a rua
tomaram a boca, entraram nas casas
sentaram na sala:
viraram estrelas do noticiário

Os Moleques armados invadiram a rua
uns tinham doze, outros treze
a maioria não chega aos vinte
todos pretos, parecidos comigo
como se eu olhasse o espelho
moleques nascidos de um projeto genocida
para acabar com eles mesmos

Os Moleques armados invadiram a rua
fiquei no pátio assistindo, mudo
pensando que é só mais uma coisa da vida

esperando que fosse sonho
e se fosse as balas seriam poesia
se for pesadelo – espera
"agora não dá mais tempo"
foi o que disse o moleque
com o cano da arma na minha cabeça

Habitante do poema preto

Aqui na cidade sitiada
vejo corpos mutilados
veias abertas no asfalto
a gente esmagada na paixão do progresso

Sou o poema não permitido pela academia
desalinhado, sem métrica nem rima
leitura proibida
aquele que se formou fora de idade
numa faculdade qualquer

Sou do quintal da casa
enraizado nas entranhas do tempo
colônia africana, periferia, gueto
verso de mil quilombos
esculpido em navio, matagal e fuga

Sou o poema de pele escura
o não lugar em lugar algum do mundo
a voz dos afogados, o braço dos vivos
Dos que chegaram aqui

Para escrever com sangue
liberdade

Só há uma poesia possível

Um verso aos que escrevem
aos humilhados, aos ofendidos
aos corpos crivados de bala

Na poesia descanso a cabeça faminta
porque o poema é a comida do povo
quando as palavras são muitas
a paz é pouca

Da aflição
da fúria do mundo
do sangue que corre nas ruas
alimentamos a revolta

É o pão
o farelo, a miséria
o dialeto do poema preto
poesia chinelo de dedo
OCUPA TUDO espaço tempo

Porque só há uma poesia possível

quando é impossível
viver no país de deus
sem justiça

O homem negro é um homem livre

Sonho com os negros nos campos da América
Negros de aço além das montanhas
Revolta dos mares
Fecundando a terra de sangue e carne

Sonho com os negros da América
Amontoados em favelas
As mãos vazias
Batendo palavra em pedra
Os olhos imemoriais de meu avô
Cabelos brancos
Um negro brasileiro
Africano

Sonho com os negros em altares
Orixás santos alados
Majestosos e miseráveis
Ferreiros do tempo
Comunhão entre o futuro

E o passado
O presente tingido
De vermelho

Sonho com os negros
Mais negros que o sonho
A lágrima dentro do peito
O ferro na ponta dos dentes
Enfileirados no horizonte
Mulheres e homens da guerra, da cidade, do mato
A maioria, milhares
Pixaim, cabelo de aço
Pele de cobre
Lá no fundo, antes do tempo
No silêncio
Meu coração bate
E no compasso distante
Sonho com os negros da América
Sangue do meu sangue
Banhando toda a terra.

dormi a terra úmida
as janelas abertas, o céu a nascer

dormi o esquecimento
o momento ruidoso entre as horas

dormi a morte que renova o trigo
sem esperança alguma

dormi o sono do mundo
olhos em silêncio
sonhos distantes

dormi a última estrela
edifícios sem nome
homens em linha
e lá distante
teu rosto
o amor confuso das nuvens

No quarto

Escreverei esse poema de silêncio
ao redor dos teus pés e da carne atônita

Escreverei sobre a erva que dá de comer à boca
que brota como lágrima
quando recebo no quarto
o cheiro acre que a pele exala
e o peito — o único que me resta
confronta a noite em desatino

Adormeço em teus braços
repouso o confuso homem que me habita
repouso os olhos em fogo nesse corpo
porém, por dentro, ao pedir as coisas boas da terra
conjuro as palavras que não sou

Adormeço em sonhos dispersos
acordo para dizer que a teu lado adormeço
espantado com os escravos que carrego
adormeço todo, todas as vozes
tranquilo, adormeço

e a portas fechadas, no quarto
a primavera floresce

Cosmo

Tive um sonho e nele você estava
vestida de pássaro
num galho do quintal da casa
fumando cigarro barato
falando miudezas ao ouvido
que eu devia ter um cachorro
plantar hortelã e alface
criar um gato ou samambaia
depois, rindo
disse que eu nem sabia me cuidar direito
então olha o céu
beija as estrelas que não dá pra ver da cidade
Aqui o Morro é outra terra
e por isso gosta de estar aqui
ser passarinho
voar por aí, repetiu algumas vezes
voar por aí

E o sopro das tuas asas
acordou meus olhos

Das trincheiras do inverno

Gostaria que tantas coisas fossem ditas
ou explicadas pela Nasa
das pesquisas realizadas
em parceria com o João da Esquina, lá do armazém
sobre os mistérios da poesia
dos conflitos do Oriente Médio
ou como dormir abraçados
esquecer profundamente
o relógio tocando quinze para as sete
e sobre todas as coisas outras, indispensáveis
o café preto, o amor, doce de leite

Assim saberíamos que o homem foi à Lua

Preciso apenas sentir o sol gelado do outono
derretendo a pele e a distância entre as roupas
o calor das cobertas amarrotadas
quando teu corpo deixa a cama vazia
como um fantasma que atravessa as paredes da
[manhã

Poema da terra

Os cabelos derramados em círculos
entrelaçando nossos pulsos
como se maio e o mundo inteiro
coubessem no hálito da manhã
na passagem do verbo à carne
nessa palavra inventada por nós
que dormimos enquanto chove.

Em meu peito, tua cabeça arde

Além dos muros da escola

Os alunos me pintaram de preto, fizeram desenhos
Os alunos, suas caixas de ritalina e estranhos
[diagnósticos
Os alunos sangraram minha solidão imensa
O frenético arrastar de cadeiras
Os alunos furaram o bloqueio da ONU e
[desceram na ilha de Cuba
Revolucionários e empedernidos
Os alunos se levantam contra a gramática
[emoldurada
O giz, o quadro, as instruções patéticas
Os alunos jogam bola e suados têm cheiro de vida
Suados espantam a moléstia
Os alunos não querem saber do predicado, do
[sintagma, do pronome
Tampouco de mim,
Os alunos querem saber do marcelo
E se perguntam quem é aquele? que ilusões
[carrega?
Que sonhos há em seus cabelos e nos fios
[brancos da barba?

Os alunos me perguntam:
Quem é aquele do lado de fora?

Os alunos, depois do sinal da fábrica
Além dos muros da escola
Sorriem um riso insano
E prometem amanhã fazer tudo de novo

Não

Dizemos não à guerra
não à violência, não à doença do corpo

Dizemos não à falta de benevolência
não ao veneno que tempera a comida
à fumaça dos automóveis

Dizemos não às drogas, à bebida
ao cigarro nas mãos trêmulas

Dizemos à boca pequena
nas redes sociais
em nossas preces
em pensamento

E todas as crianças morrem
morre alguém, alguns
morrem deitados no mármore
ao lado de containers
morrem enquanto fabricamos discursos
que justificam suas mortes

Penso com a cabeça pesada de ferro
o que faria se pudesse escolher:
voar
ou respirar embaixo d'água?

Ser peixe ou passarinho?

É nisso que penso enquanto
os olhos correm pela janela

A greve

sete graus às sete horas da manhã
às dez o banrisul oferece café
a fila de carros cruza a Ipiranga, começa uma briga
ainda não é meio dia
a caixa diz que em breve é guerra civil
pela frente sete períodos de língua portuguesa
e já é quinta-feira, recém quinta-feira
fico indeciso entre beber chá de sumiço ou chá
[de casca de bergamota
mas é preciso, ainda, fazer um pouco de poesia

A máquina

O som da geladeira
é música na madrugada
canta para que eu levante
e faça da insônia verso

Olhos no teto
imagino a cabeça no travesseiro
sonolenta
sonhando com isso que agora escrevo
ouvindo o som da geladeira
no vagar da madrugada
como se música fosse

Aos que esquecem de dormir

Protege-me a insônia da violência dos sonhos
no ritmo interno das palavras
observando a aridez dos lençóis
e as falésias em teus olhos

A insônia arrasta-me para o deserto
como um marinheiro infiel

Porto Alegre é o cansaço de si

Porto Alegre é pequena, uma cela, concreto de
[estátuas positivistas;
Porto Alegre é o desterro às margens do Rio
[Guaíba, por essência morada do desassossego;
Porto Alegre é um gueto da África durante o
[Apartheid;
Porto Alegre é silêncio, pretensiosa em suas
[aspirações burguesas,
é pobre e os pobres a carregam nas
[costas;
Porto Alegre é o cansaço de si, o cansaço de tudo,
é uma avenida lotada de carros, um
[cafundó com luzes;

Porto Alegre, escute os tambores e esqueça:
Você nunca foi Europa, nunca foi portenha — o
[Bom Fim nunca foi Berlim,
nunca teve rock britânico;
Esqueça-se, esqueça tudo
E vá pra rua brincar com os outros

Domingo

Depois do almoço
Café, chocolate meio amargo
Senhor e Senhora sentados
O passado atualizado no ritual
Mesquinharias amontoadas contra o céu
Ao redor da mesa
O quebra cabeça das palavras
As conversas a respeito do preço do gás
O temporal no horizonte
O silêncio entre os dentes
À tarde, um pouco de rancor
E bolo de laranja

Se possível pediria outro olho para ver o mundo
em sacolas plásticas carregaria mutilado o coração
o silêncio acumulado ao longo dos anos

Ouviria a multidão de mortos dentro das pessoas
pedindo enfim para serem esquecidos
e assim dormiria algum sono
talvez o sono das nuvens
eterno como a ferrugem

Paraquedas

Falo da palavra que pulou no abismo,
Irmã da rima, que é pedra, um punhado de terra
Dessa coisa, uns diriam dor, eu digo navalha, febre
Essa palavra que ainda nem nasceu,
Inventada por outra que não tem nome;
A palavra que me criou num ano distante, em
                              [dezembro — fazia calor
e me trouxe até aqui;
A palavra em guerra com o mundo — todos os dias
que me embriaga de lucidez.
É dessa palavra que falo.

No coração da rua
algum silêncio
ônibus incendiados
o céu sem respostas

Depois
a curva onde queimam as palavras

Prece para os deuses carnívoros

Sem descanso escrevo esses versos
que escapam no fim do caderno
cujo destino é o mar
enraizados nessa mesa que é o mundo
enquanto espero tocar
a respiração oculta das palavras
lá onde o sol pinta o rosto
após noites insone
quando teu silêncio faz música
e o mundo inteiro
cabe nos olhos da manhã

Que enigma o eu lírico procurou solucionar?

Vai uns anos que terminei o Mestrado em poesia.
Em letras ornamentadas, no diploma, veio escrito:
Parabéns, *honey*!
Junto com um punhado de moedas.
Dizia também que tudo que eu sabia não
                    [prestava; portanto esquecesse.
Siga errante, disseram.

Depois recebi uma foto do Leminski, uma 3x4
            [do Drummond e um bottom do Kafka.
Na saída um tapa nas costas, falaram que era
            [domingo e que tinha samba no Paulista.
(Não esquece: samba no Paulista!)
Já vai uns anos que ando por aí sem diploma.

Now i wanna sniff
some glue

Ao fechar os olhos
derramo café na palavra
em pé na cozinha
observando pela janela a vida miúda
grades e cercas de arame
espio a chuva
as verdes pontas da grama
e canto a poesia do morro
o recurso vocabular pequeno
os simbolistas franceses
cuja língua não entendo
os grandes poetas ingleses
trocados no sebo por um disco do Ramones
espero agradar os literatos
que me validem o talento
e concedam-me uma cadeira de plástico
em algum evento.

Rezo ao poeta melhores versos.

um poema

De um verso a outro
o poema rabisca a tarde
atento às intempéries do mundo
e as investidas da morte

Contra a lógica do acúmulo
oferto a necessidade física do afeto
cascas de sol e bergamotas

Um convite
(o mar à esquerda,
à direita a areia)

um pequeno poema para me deixar um tanto
                            [mais possível
um tanto mais triste ou nem tão alegre
um poema para esse dias
como um solavanco ou um atropelo

um poema como uma voz em minha cabeça
a história silenciosa dos rios
um verso desenhado nas costas do tempo
uma prece ancestral

um poema da terça-feira, igual ao da quinta
depois das sextas e domingos
um poema, uma palavra, um peso
que carrego nos bolsos
como meu único dinheiro

Canção

Carrego uma ideia
que se move como a água
ao redor dos séculos
que fala pela minha boca
e mãos insones
pois os versos me procuram
com insistência conta-gotas
e nunca sei se é mar
ou se é noite

O que carrego no ventre

Meus amigos agora têm filhos
Tenho sono e alguma insônia
Tenho pouco tempo e muitas músicas na cabeça
Carrego uma coisa viva no peito, acho que é um
[pássaro
Tenho os pés descalços
A sensação de que versos adormecem em meu
[ventre
Mas não sei se vou conseguir olhar a todos.

Aos amigos

Quero encontrar meus amigos
que moram no tempo
ouvir suas vozes insurgentes
no brusco entardecer

Quero encontrá-los dentro da chuva
nas pedras da cidade que festeja seus mortos
para cobrir-lhes o rosto com madeira escura
repousar em seus braços as preces que me ofertaram

Quero embalar nossos sonhos
em nuvens sonolentas
reencontrá-los no jardim da memória
de costas para o vento
As mãos limpas com as quais um dia sonharam

o que ainda

cabe no ventre

O cachorro preto dentro do mar, esse era o sonho
como se navegasse, como se fosse peixe
era um cachorro; um cachorro preto

Exuberante, em movimento
como se por uma estrada
nadava o cachorro preto ao horizonte
sem medo da ira
sem medo do tridente
no vestido azul do mar nadava

Não sei se o cachorro tem nome,
o nome amarra o barco à pedra
chamei-o sonho, depois navio, atmosfera
chamei-o nada, errei o nome

O cachorro e o mar nadaram até o fim da noite

Objetos da Solidão

O esquecimento;
perder a hora da morte;
arrumar gavetas para encontrar paz;
dobrar lençóis para ouvir o mar.

Solitária a chama azul do fogão;
a longa tarde da espera;
o oxigênio quando acaba o amor.

Ilhas ao longo do tempo
ameaçam os oceanos;
apago a luz do quarto
desvio o olhar do passado.

Poema

Se eu caminhasse de modo mais lento —
pé direito, pé esquerdo
alternando-se, faria diferença?

Ossos balançando mar adentro
na direção oposta da corrente
mudaria quem eu sou?

Ou se girasse os olhos
no sentido anti-horário
faria isso de mim outro homem?

Reformularia profundamente meus atos
o passado, o último verão?

Se caminhasse de trás pra frente
Alcançaria raros momentos de tranquilidade?

Ou passasse a andar em zigue-zague
como se cruzando linhas inimigas?

Impossível viver esses dias
sendo o que se é
atordoado, esperando a morte chegar
Ou, pelo menos
o verão

Em absoluto

Estou absolutamente só
com olhos líquidos
absolutamente líquido
na impiedosa correnteza
absolutamente correnteza
no passeio da multidão
absolutamente multidão
no centro do torvelinho ruidoso
absolutamente ruidoso
entre o metal dos carros
e o vidro estilhaçado
absolutamente estilhaçado
sobre os degraus de concreto
carne invisível
absolutamente invisível
entre o silêncio e o pulso do mundo
entre as esquinas
e os rostos que vento nenhum leva
mais um entre tantos
e como todos
só

Fui ao médico avaliar a tristeza que havia em mim. Ele disse que podia trocar em commodities no banco, que podia me render juros — médicos e banqueiros se parecem muito. Fiz uma aplicação futura em remédios e hoje tomo café quente na térmica, vitamina de banana com sucrilhos. Assino meu nome sempre na linha, no lugar certo, não coloco os sapatos trocados nem a camisa do lado avesso. Vamos nos divertir, dizem meus amigos. E balanço a cabeça afirmativamente.

A morte do avaro

Eis o trabalho
O grande acontecimento humano
O suor do pão
O suor do rosto
Suor escravo

Eis a máquina
O moinho
A ceifadora de trigo
Mão humana invisível

A mão e a fome trabalham
A fome macera o homem
A máquina conserta

O homem trabalha para o homem
Constrói a máquina
Os remédios
As moléstias do corpo

Eis o humano filho do homem

Carvão pedra ferro
Que se transforma pela força
O trabalho o converte em peça

Eis o mercado:
Carne do homem
E outros títulos
Negociados depois do almoço

As leis da gravidade

Lá longe, distante
Os edifícios reclamam solidão
E me relembram
Como se puxasse cordas
Que há vida correndo cá fora

Tem gente pisando o asfalto
Desafiando as leis da gravidade
Cá fora há mato nas calçadas
Desordem viva pulsando

É preciso ignorar o perigo, dizem
Desviar das balas e dos sacerdotes
Dos mercadores e da loja de empréstimos

Aqui fora há de se sujar as mãos
Abraçar a imperfeição dos versos
Caso contrário, a morte nos conservará

vivos

que não falte ao poema palavra alguma
nem voz de gente
ou vírgula
muitos advérbios e adjetivos
rimas pobres e irregulares
um samba pela metade
um verso emprestado
erros ortográficos
problemas de concordância
a morte precária
o adoecimento dos trabalhadores
diminuição da libido
aumento do ódio
o tenebroso encontro com o futuro
qualquer coisa
que aqui caiba

A linha do poema
Não tem ponto final

Este livro foi composto com fonte tipográfica Cardo
11pt e impresso sob papel pólen bold 90g/m² pela
gráfica Evangraf, em Porto Alegre, para a Coragem.